정상조 제4시집

부러진 나무의 눈빛들

열린시선17

부러진 나무의 눈빛들

정상조 시집

열린출판사

■ 시인의 말

돌고 돌아 마음이 무너진 곳도 하늘이고
일어서 다시 쳐다본 곳도 하늘이니
시를 쓴다는 것과
삶을 짊어진다는 것과
기도를 한다는 것은
마치 시계의 시침과 분침과 초침이
함께 돌아가는 것과 같았다.
네 번째 시집을 엮을 수 있도록 함께 해 준
생활과 신앙의 벗들께 감사하고
부족한 시에 좋은 옷을 입혀주신 김윤환 교수님,
그리고 가족에게도 감사드린다.
무엇보다 오늘도
나를 뉘기도 하시고 일으키게도 하시며
마침내 노래하게 하시는
하나님께 영광을 올린다.

2025년 여름을 맞으며
정 상 조

■ **목차**

제1부 햇살 그림자

물방울 ·13
목구멍 심장 ·14
햇살 그림자 ·16
술 젖은 종이 ·18
풍등 인간 ·20
능소화의 넋두리 ·22
바람이 불자 ·23
오거리 빈 의자 ·24
개미의 줄 ·26
묵선墨線 ·27
곰탕집 할머니 ·28
흔적 ·30
공간 이동 ·31
밥을 아껴 먹는 남자 ·32
발레의 여인 ·33
내리막 ·39
겨울의 봄 ·40
눈먼 물고기 ·42
가슴을 칠 때는 ·43
나무의 침묵 ·44

무의도 · 46
단꿈 · 47
화덕 · 48
어치 가는 길 · 49
비바람 산행 · 50
비 오는 날 · 51
악보 위를 걷는 바람 · 52
극 중인 그림자 · 53

제2부 서리꽃

화답 · 57
눈물 색감 · 58
마음 · 59
노래가 있는 풍경 · 60
버들가지 눈빛 · 61
애닳픈 풍경 · 62
오래된 기억 · 63
작은 전투 · 64
촬영 · 65
외로운 찬란 · 66

아이스크림 ·67
당신의 수평선 ·68
수양버들 라면 ·70
손잡아 줄까요 ·72
함박눈 ·73
얼어붙은 강물 위에서 ·74
서리꽃 ·75
외로움은 눈빛만큼 ·76
어김없이 내게로 ·77
수평선 ·78
햇빛 그대 ·80
태양 그리고 나 ·81
바위 여정 ·82
큰 둠벙 ·84
보랏빛 청혼 ·86
쓴맛 그리움 ·87

제3부 부러진 나무의 눈빛들

낙엽 ·91
덮어주는 의미 ·92

부러진 나무의 눈빛들 · 94
첫눈의 마음 · 96
단풍이 물든 눈빛 · 98
애기나팔꽃 · 100
눈빛 · 102
꽃 심는 마음 · 103
발레리나 나무 · 104
지빠귀 울음의 아침 · 105
송담 세 잎 · 106
개울길 · 108
멍석딸기 · 109
잔가지 · 110
진박새 생강나무에 앉았다 · 112
눈 뜨는 봄 · 113
흰 눈의 환희 · 114
꽃이 보고 싶으면 · 115
오목눈이에게 · 116
수묵화로 사는 나무처럼 · 118
달빛 수선화 · 119
나무의 곡선曲線 · 120
둥지 · 122
민들레 · 124

제4부 천국의 계단

조약돌 ·127
천국의 계단 ·128
목욕통 ·130
춘설春雪 ·131
시간의 천국 ·132
아득한 손 ·133
살아가는 신비 ·134
표정의 천국 ·135
길 너머 길 ·136
연분 ·137
주님 앞에 나아갑니다 ·138
사랑의 순간 ·140
빛의 얼굴 ·141

■ **해설**
삶의 영성과 시적 서정의 독창적 만남 / 김윤환 ·142

제1부
햇살 그림자

물방울

또로로
떨어지는 소리
또르르
굴러가는 소리

웃음에 티가 없고
웃기만 해도
마음이 채워지는

생각하니 좋은 느낌
흘러오네

처마 끝에서 떨어지는
고요함 속 맑은
마음 물방울들

한가득 물방울 만들어서
똑똑 떨어질 때
웃음 튀는 소리

목구멍 심장

심장이
가슴에서 두근거리면
어깨에서 두근거리고
목에서도 두근거리다
그러다 심장이
목구멍에서 튀어나올 것 같아요

꿈이 별로 없어
돈을 벌어오라는 것도 아니고
직장을 다니니까
가만히 있어만 주면 되는데
그것이 왜 그렇게 어렵지

가슴이 뒤집어지고
심장이 쿵닥쿵닥
온몸 여기저기 막 뛰어요
꿈이라도 있었으면
덜 억울했을 터인데
소리라도 질러봤으면
속이라도 후련할 것인데

봄바람 산들산들 불어와
마음속 냉이를 캐어

된장국 끓여 먹는
그런 날 있었으면
좋으런만

햇살 그림자

나뭇가지에
햇살 비추니
땅에는 실그림자

나의 그림자
햇살 가득한 눈물

눈물을 닦아주며
떠오르는 햇살
너의 그림자

세찬 찬바람에
햇살 마음 품고
얼음 풀리지 않은
그늘 놓인 모자이크

떠오르는 햇살
찰나의 순간을
붙잡을 수도 없고
또 그늘져야 하는
그 무엇인가

마주하는 것들에서

생기를 느낄 때
살아있는 지금
그늘로 금을 그리는
겨울 햇살 아래
마른 가지 따사롭다

술 젖은 종이

피가 멈추고
통증이 식도를 지나서
심장에 도달하면
절망이 시작되고
자책으로 피가
바짝 마르는데
나는
종이가 되어 간다

바짝 마른
생각에서 벗어나고 싶고
목마름이 간절해지면
술이 최고 아닌가?

술을 깨는 순간이
더 많은 고통이다

생각이 마비되고
어느새 종이가 되어버린 나
마음에서 바람이 빠지고
몸에서 피가 빠지고
멍하니 있노라면
정처 없이 발길은

몸의 기억을 따라가지

하늘가의 허수아비
말을 걸 수도 없고
대꾸도 없는 허공에서
정처 없이 떠돌기만 한다

허수아비가 나타나
나를 용납하고
나를 사랑해 주면
찬바람을 잊은 채
다시 용기를 내어
똑똑 말을 걸어보지

햇살 부서진 조각들
허수아비 얼굴로
빛나면
종이가 다시 부풀어
보란 듯이 산길을 오른다

풍등 인간

자고 깨니 나는 종이였다
내 마음은 원래
그대로 채워져 있었기에
그대가 그려져 있다

훅- 바람에 날아갈까
창호지에 침을 묻히면
종이로 만들어진 나는
구멍이 아주 쉽게 뚫리겠지

종이로 된 눈알을 굴리면
날마다 왔던 산길도
바람에 떠는 창호지처럼

뿌옇게 흔들리는 풍경
얼굴 하나 그려진 종이
바람결에 날아오른다

종이 심장으로 숨을
후-하고 크게 내쉬면
금세 구멍이 뚫릴 것 같아
조심스러운 호흡

늘 마지막인 풍경
산길을 가서 보니
종이에 그려진 얼굴이
달맞이꽃으로 반긴다

종이로 만든 몸
물에 닿지 않으면
제법 꼿꼿이 서서
마지막을 넘어 또 보는
풍경의 기쁨

그대 그려진 종이등에
불을 밝혀 띄우는 마음
그대는 아는가

능소화의 넋두리

아파트 상가 손님 없는 횟집
지나칠 수 없는 마음에
서성이다 마주친
횟집 사장의 텅 빈 눈빛

추적추적 내리는 비
내가 가주어야겠지
머릿속에서
동그라미가 그려진다

"돈을 많이 벌어서 써볼 수 있었으면 참 좋겠어요"
"지금 행복하지 않은데 돈 많이 벌면 행복해질까요?"

인생은 기쁨이면서도
그러나 누구에게나
고통 아닌가요
뻔한 인생 살면서
희망으로 무장하지 말아요
어차피 너도 고통 나도 고통
그 속에서 가쁨을 찾아가는
그것이 인생 아닐까요

바람이 불자

뒤집히며 반짝이는
아카시아 잎을 지나서
아침 햇살
어떤 색을 품고 와서
어디로 가는지
얼굴을 그려놓고
따라가보고 싶다

바람은 무슨 색일까
박새의 울음은 아니겠지
머물러 있는 것이
소중할 때가 있다
머물러 있는 것이
어디 있겠는가

오거리 빈 의자

숲속 깊은 오거리
바람결 나뭇잎 소리
내 속마음 은빛으로 뒤집고
가던 길 돌아와
앉아 있는

거목은 몸통으로
세월을 세우고
햇살에는 혀를 내미는
소나무 숲 오거리

꼭 앉아만 있을 것만 같아
고갯길을 올라
빈 의자 바라보면
청설모 눈빛 흘기는 사이로
그대는 늘
은빛을 뒤집는 바람처럼
다가온다

하늘 뚫린 햇살
흔들리는 나뭇잎 하나에도
아른거리는
그대를 보면서

빈 의자에 잠시 앉아
그대를 채운다

개미의 줄

마음의 어느 틈인가
개미가 들어왔는지
내 잎을 잘게 잘라서
줄지어 물어 나른다

마음의 깊은 심연을
위로해 보지만
눈을 감으면
막았던 틈이 다시 뜯기고
개미가 물어간 흔적
시커먼 빈 공간

너덜너덜한 마음으로
호흡을 하려니
바람이 **빠**진다
잘려나간 잎으로도
아직은 살아낼
마음의 흔적

묵선 墨線

고독한 것은
생각이 많은 것인지
붓으로 줄을 긋는
묵선의 나이테

세찬 바람이 새긴
곡절의 굴곡에서
초록을 살 찌우는데
세월은 늙는 것인지

번민의 나이테를 지나
벌레 먹는 잎이라도
마르지 않는 푸르름

꽃이 피어도 그리운
짙고 연하여 뚫린
숲속 하늘
묵선으로 그어진
잡념 끌어다가
고독을 세운다

곰탕집 할머니

평생을 소머리 곰탕만 끓이다가
자식에게 물려주어도
아직도 자리를 지키는 할머니

소머리에 살코기 섞어
곰국 끓여 팔다 보니
정이 담긴 맛에
줄 서서 먹는 집이 되었단다

아직 부서지지 않는 몸이라서
빈 시간 어김없이
식당을 지키는데

평생 썰어온 소머리 고기
이제 썰어줄 힘이 없어
말은 못 하고

"고기는 많이 줄게
네가 썰어 먹을래?"

먹고살기 위해 했던 곰탕집
잔소리 사무쳐도
혼자 앉아 있는 마음을

국물에 담긴
깊은 마음마저 끓는
뜨거운 눈빛
소머리 곰탕 한 그릇

흔적

바닷물이 쓰윽 빠지면
갯벌은 반질반질 빛이 나지만
햇빛이 구멍에 박히고
갈매기 발자국이 찍히고
그러다
바닷물 다시 들어오면
반질반질 지워지겠지

갯벌은 흔적을 먹고 사는지
늙지 않는 그리움에서
당신을 캐내어 보면
다듬어지는 아픔은
아무것도 아니지
펄펄 살아서 돌아와
흔적으로 남을 때
당신이 흔적이 될 때

공간 이동

어둠을 싹둑 잘라서
한 모 드릴까요

목련꽃 사라지기 전에
목련 하늘 한 모 잘라서
배달을 할까요

자른 하늘을 빼어내고
밧줄로 당기면
그대가 있는 곳에
닿을까요

그대 있는 곳 닿기 전에
꽃이 지면 안되는데

꽃이 지면
돋은 새싹 하나
가슴에 품어서
드릴게요

밥을 아껴 먹는 남자

"형님 천천히 드세요
저는 밥을 아껴 먹습니다"

나는 바쁘다고 늘
빨리 먹을 줄만 알았는데
뚝배기 한 그릇을 앞에 두고
비싼 밥을 언제 또 먹을까
아까워 천천히 먹고 있다

뚝배기 한 사발에 소주 한 잔
"저에게 술을 끊으라고 합니다
술맛도 모르면서……"
신용불량자 만들어 놓고
떠나버린 아내
못 잊어 돈을 보내준단다

"이 사람아, 사랑이 밥 먹여주나..
떠나고 연락 없는 사람인데
아직도……?"
"형님, 마음에서 떠나보내지 않은 한
아직 떠나간 것이 아닙니다."

발레의 여인
―밥을 아껴 먹는 남자 배경 이야기

조그마한 식당
문을 열고 들어오는 그녀를 보는 순간
첫눈에 반했어요
그녀의 미모와 나는 어울리지 않았지만
우리는 합석을 했습니다

식물인간으로
그렇게 한동안 누워있다가
이제 막 깨어나
기력을 회복하기 위해
식당에 온 여자

발레를 하고 싶었지만
부모님의 반대로
미국으로 강제 유학을 가게 되자
학교를 다니다 말고
귀국해서 혼자 살았답니다

언제부터인지 그녀는
뒤를 따라다니는 한 남자를 느꼈습니다
경찰에 신고를 했지만 소용이 없었고
그러다 결국 강간을 당해 임신하게 되었고
애를 낳아놓고 어쩌다 보니

온몸이 점점 마비되면서 결국
식물인간이 되었답니다

그리고
병원에 함께 실려온 아기
혹여 유괴한 것이 아닐까? 하는
의사의 신고로
경찰 측에서 유전자 검사를 하였고
그녀가 낳은 딸임을 알았답니다

병원에서 퇴원한지 얼마 안 되어서
그녀는 갈 곳이 없었고
그녀를 보호해주고 싶은 마음에
내가 살고 있는 회사 기숙사로 몰래 데려왔습니다
그러나
사람들의 눈을 속일 수는 없었어요
얼마 못 가서 회사 경비원에게 들켰고
결국 전세방을 얻어 나와야 했습니다

행복했어요
그러나 하나 둘 문제가 생기기 시작했습니다
그녀는 돈 씀씀이가 너무나 컸어요
거의 대부분의 구매를 백화점에서 하다 보니

순식간에 돈은 떨어지고
그녀가 쓴 카드를 돌려 막다가
얼마 되지 않아 저는 신용불량자가 되었고
돈을 더 많이 벌기 위하여
잘 다니던 직장마저
그만둘 수밖에 없었습니다

그녀는
누군가 항상 자신을 감시한다고 생각했어요
외출할 때에는
첩보 영화에서처럼 뒤를 의식하며 걷고
집에 돌아오면
누군가 도청장치를 했다며
손전등을 들고 온 집안을 점검했습니다
쓰레기는 무엇이든 버리지 않았고
포장해서 집에다 차곡차곡 쌓다 보니
산더미처럼 쌓여만 갔고
그러다 보니 바퀴벌레가 들끓어서
살 수 없는 수준이 되었습니다
그러던 중에
본인의 헌 속옷을 화장실에서 태우다
이웃집의 화재 신고로
소방차가 출동하는 일이 벌어졌어요

이 사실은 곧 집주인에게 통보되어
우리는 전셋집에서도
쫓겨날 수밖에 없었습니다

돈을 벌기 위해
쉼 없이 일만 하다 보니
몸이 아파서
일을 할 수 없는 지경에 이르렀어요
밥 먹을 돈조차 없게 되자
할 수 없이 그녀의 부모님께 알렸습니다
딸에 대한 실망감이 더 컸기 때문일까요
냉정하게도
그분들은 손녀딸만 데려가셨습니다
그리고 교육 문제를 거론하시며
부모님 호적에 딸로 올렸습니다

한동안 둘이서 그렇게 살았어요
그러던 중에 그녀의 정신병이
점점 더 악화가 되었습니다
혼인신고가 되어있지 않았기 때문에
나는 그녀를 입원시킬 자격이 없었어요
그래서 그녀의 부모님께서 알렸고
그분들은 그녀를 정신병원에

강제로 입원시켰어요
그녀에게는
모든 걸 내가 한 일이라고 해서
어쩌다 간혹 연락이 되면
늘 원망만 듣게 되었습니다
입원 이후에는
면회도 하지 못하게 하였고
얼마 지나지 않아서는
병원도 몰래 옮겨버려서
지금은 어디 있는지도 모릅니다
그녀는 내 전화번호를 알 텐데
연락 한 통이 없어요

그녀가 남기고 간 많은 살림살이들
신용불량자로 먹을 것이 떨어져도
그녀가 돌아오는 날을 꿈꾸면서
달마다 돌아오는 물품 보관비를
꼬박꼬박 내고 있어요
기초생활수급자로 등록이 되면서
임대 아파트를 받을 수 있다는 말을 듣고
희망이 생겼어요
그녀와 다시 살 것을 꿈꾸면서
나의 처지에는 맞지 않지만

임대 아파트를 신청하고 왔습니다

"형님! 내 마음에서 떠나보내지 않은 한
아직 떠나간 것이 아니라니까요."

내리막

오르고 내리는 길이 엇갈리고
아래에서 보면 오르막이
내리막이 될 때

마냥 들떠서
손잡고 올랐던 길
잡았던 손 놓고
내려가려니 이제야
보이는 쓰러진 나무들

한쪽은 봄이 온다고
새들이 물어다 준
꽃망울 터트리는데

서서 바라보면
그 자리는
그저 이정표일 뿐인데

겨울의 봄

물 묻은 새벽
눈 뜨지 않은 아침이
봄을 기다린다

눈길조차 없는 산
봄이라고 꽃을 피워도
보아주는 이 없는 숲속
겨울비가 너를 품으며
새벽을 깨운다

누가 앙상한 겨울이라 말하는가
차가움에 몸을 씻으며
봄을 기다리는 것이지

누가 외롭다 말하는가
나무의 몸통 속에서
들려오는
봄을 짓는 소리

마른 가지 온기로 감싸면
움찔움찔 꽃으로 피어
색과 향기를 빚어낼
외로움이 고개 내민다

꽃 아니어도 좋다
앙상한 가지에는
이미 한가득 숨소리

겨울산에서
꽃을 빚어내는
겨울비에 묻어오는 숨결
그래서 좋다

눈먼 물고기

"나 때문에 고생이 많네"
그렇게 의자에 앉아 사진을 찍는다
"이 사진 어디다 쓸까?"
"그새 임자가 고생이 많았네"

강물 위에 배만 뜬 것 같지만
그림자도 강물에 있지

시장터 좌판에서
눈멀어 파는 물고기
눈먼 물고기
지팡이로 가늠하는 인생길

지팡이를 내밀어
너의 눈이 될 때
고무대야 머리에 이고서
지팡이 잡고 길을 더듬는다

가슴을 칠 때는

신경세포가 그물 쳐 온다
빛을 산란하는 물결
시간을 산란하는 물결

시간의 느낌
세포들이 춤추며 다가와
자잘한 빛무리 속에서
흐르고 연결되는 것을

세포를 통하면
신경망 회로가 작동하는 것인지
혼돈 속
감전되는 회로 끝에서

나무의 침묵

나무의 몸통
똑똑 두들겨
안에 있는 이 누구인가

나이테로 찬
고독 어딘가에
난로 하나쯤은 있겠지

수분을 끌어올리는
갈증 어딘가에
심장은 뛰고 있겠지

껍질 속 캄캄한 침묵
호롱불 같은
발그레한 입술 있겠지

세월에 맞은 흔적
나이테 하나하나
사연 없이 그려지겠는가

나무 기둥으로 버티고서
외로움 외치며
눈빛 향하는 곳

어디인가

껍질 하나를 마주하고도
문을 열지 못해
안부조차 묻지 못하는구나

무의도

밤을 섞어서 철썩거리는 파도
겹겹이 포갠 마음 몰려와
하나로 하나로 쓰러진다

골패인 가슴이 울어
흐르는 파도 소리

눈망울에 바람이 있어
눈동자 흔들리면
눈물은 왠지 소리 없다

단꿈

솔잎 푸르름으로 따갑다
햇살만으로
그대
빛깔 좀 봐

먼 산길
오르지 않고
날고 있는 나비처럼

화덕

사람의 겨울 안에는
화덕이 있었을 거야
겨울잠에 꿈을 녹여
북풍에 담금질을 하던
화덕의 비밀

흙으로 밀어주면
빛으로 끌어당겨
환희로 내미는 손짓
터져 오르는 기쁨의 울음
꽃망울로 터지는 소리

겨우내 새순을 다듬는 소리
모진 바람에 가지가 휘어져도
노래로 견디어 내는
겨울나무의 화덕

뿌리 속 어딘가에는
여전히 연주를 하며
노래를 밀어올리고
새봄을 준비하는
겨울나무로 살아온
화덕이여

어치 가는 길

지천으로
눈물 훔치는 밤꽃들
개울물에 돌돌돌
띄워 놓았지

잔 덤불 우거진 사이
알밤 같은 얼굴
또렷이 떠오르니

물에 넘쳐나는 표정
꿈속까지 들어와
내게 안기네

비바람 산행

비 오는 날 숲의 이야기에는
물광이 난다
마음에 꼬인 색상
바이러스처럼 영혼을 오염시키면
나는 혼재된 색깔로 병들고
눈에는 오염된 수채화로 가득하다

어스름한 빛을 먹으며
광합성을 즐기는
나는 식물인지 동물인지
알 수 없다가

비바람 치는 산은
내 눈동자를 간질이고
눈빛이 멀어지는 만큼
내 손짓도 멀어지고

눈빛이 가까워지면
물로 빛난 산행에
젖은 산길 꽃처럼 피어난다

비오는 날

햇빛, 너는 모르지
비 오는 날의 꿈을
실눈 뜨고 보느라
얼굴 붉히고
눈썹 밑 안개로 가리고
부끄러워 고개 숙이는
눈물 젖는 빛깔을
햇빛, 너는 모르지

그러나 눈물 묻히면서
반짝이는 마음이 있단다
바람이 휘몰아칠 때
문득문득 보이는
표정을 보았니?
비 오는 날
빛들이 춤추며
바람으로 박자를 맞추는
햇빛, 너는 모를 거야

악보 위를 걷는 바람

나는 갈망한다
불꽃이 켜지도록
바람의 손끝을 매달고 있다
허리를 구부려 귀기울이면
바람만큼 간절한 게 있을까
나무의 신경마다 음악은 심지를 켠다
건반 위를 뛰어다니는 노랫말
신이 난 이파리마다 노래가 날린다
금침처럼 꽂히는 햇빛 한 점의 통증
권태도 일종의 음악으로 피어나고
높푸른 생성의 그 빛나는 하늘이
일제히 고개 내밀고
흩어지는 꽃가루
정령 한없이 깊어지는 인연을 위해
깨끗한 인상의 계절이 찾아들고
나뭇가지가 휘저어 둔 하늘이
푸른 물감처럼 젖어들게 하더니
바람에도 햇빛에도 이파리는 뒤척인다
이럴 때 건반을 두드리며 뒹굴며
나는 갈망한다

극 중인 그림자

꽂꽂이 채 시들어 가는
현실의 무대 위에는
삶의 밑동이 모두 잘려나갔으나
분장한 얼굴을 하고
허깨비들의 공연이 시작된다
피부는 부었다가 주름으로 옮겨가서
본심 아닌 세월이
조롱하듯 맥박을 친다
꽃잎의 껍데기를 입고
배역의 순간만을 기억하리
어제도 오늘도 퍼지는 노래
분장을 지운 얼굴 면면이
참으로 뒤틀렸으나 고통스럽다
창밖에는 봄비가 대지를 깨우는지
씨앗들의 숨소리가 안개처럼 퍼진다
지금도 화병 위에는
연극 중인 내 그림자

제2부
서리꽃

화답

내가 울면
너도 우는
새 울음은 화답이 있지

내가 가면
너도 따라오는
나비의 날갯짓

늘 혼자 걷는 길
따라가다 보면
들리는 너의 노래

사랑해도 멀어지는
삶이 있다
인내를 담아
바라보는 눈빛
그 안의 애절함

사랑을 하면
늘 마음이 아름답다
너의 화답으로
내가 숨 트는
함께 하는 노래로

눈물 색감

목소리가 탁해서
악을 쓰는 소리로
눈을 뜨는 새 부부

눈을 감으면 흐르는 눈물
사랑에 한이 섞이면
고운 노래도 가슴 아프지
한에 사랑이 섞이면
거친 노래도 향기롭다네

바람에 세월이 흐른
은행나무에 앉아
노란 새벽을 쪼을 때
새벽은 노래로
햇살을 맞이하겠지

사랑에 눈물이 섞이면
슬픔이 되겠지만
탁음 안에 사랑이 섞이니
해가 떠오르겠네

마음

단풍으로 짙어져
속마음 내밀 때
눈물로 떨어지는 그 손길
붙잡아야 하는데

바람이 먼저 손 내밀어
단풍잎 안아서
날아가 버리네

새벽 지나는 햇살에
씻긴 잎은
맑은 눈을 붉혀도
눈물을 닦으니
그냥 떨어져도
사각사각 낙엽 소리

색은 벌써 없어지고
눈물도 없어지면
밟히는 마음만
소리로 오시겠지

노래가 있는 풍경

잎은 빛깔로 악보를 만드는
따사로운 햇살 등지고
단풍잎 내려다보는 나무

빛깔이 음표를 그려 넣는
음지의 노래에
박힌 자리 무대 삼아
춤을 춘다네

바람의 손짓에
나뭇잎들
물감을 흩뿌린 음의 높이로
빛의 파도가 물결친다

울긋불긋 단풍의 선율
바람에 스쳐만 가도
너의 얼굴은 겹치고 겹쳐
눈빛으로 물들이네

어찌 잊으리오
그 눈빛들을

버들가지 눈빛

헤어졌다 생각하면
쌓인 눈빛들
돌아서 온다네

뜨고 지는 시간은
버들잎에
낮의 색 밤의 색을 덧입히네

돌고 돌다 보면
몸은 낡아지는데
마음은 날이 서서
얼굴만 바라본다

돌고 돌아서
색이 입혀지면
나의 도화지는
눈빛을 띠고

나는 안다
내가 나에게서도
멀고 멀다는 것을
버들가지 눈빛
또다시 너를 찾는다

애달픈 눈빛

여치가 얼마나 울었으면
금계화가 가을에 피었는가

얼마나 애가 탔으면
노란색 노래로

끝없이 울어도 아직 애달픈
눈빛 저 멀리

단풍잎들
가을 햇살에 눈빛 없어
빈 의자만 바라보네

오래된 기억

추억들이
혈관에 침을 꽂듯
톡톡 톡톡
나뭇잎이 돋아나
바람에 흩날린다

옆에 나란히 나부끼던
당신 없으니
그립고 그립네

그리우면
달려가면 그만인걸
맴도는 바람에 붙잡혀

흩날리는 나뭇잎
결국
낙엽이 되어
툭툭 떨어져 버리네

작은 전투

찬바람 맞으면서 왜 갔을까
이태원 맛집 베이글이 뭐라고

손이 곱아들고 머리는 얼어가는데
그대 베이글 좋아한다는 생각에
걸어가는 길이 전투가 되는 시간

어긋난 길
만나지 못하고
집에 와서 식어버린 베이글
혼자 다 먹어야 하지만

한 입 베어 물 때마다
새어 나오는 웃음
배시시 넘기면서

급한 마음 목에 메여
물을 마시며 가슴을 쳐도
솟아나는 기쁨은
어쩔 수 없네

촬영

보고픈 마음을 찍으면
새 울음이 찍히네
하얀 산을 찍으니
그리움이 찍히네

하얀 찬바람 찍고 보니
슬픔이 아픔이 되어
찔레 싹눈 붉어지는
막바지 겨울의 풍경

외로운 찬란

푸른 그림자를 지나서
돌 틈에 깎이더니
맑은 물이 된 너에게
나는 얼굴 비추고

바람이 버들가지 흔들고
물에 비친 내 그림자
너의 눈동자에 뿌려지니
골바람이 그늘 속에서 나와
햇살을 비춘다

망초꽃밭 나비의 안식
너는 내 눈빛에 내려앉아
반짝 빛나서 외롭고

맑은 물이 흐르는
배고픈 투명
내 그림자에서 더 빛나는
너로 가득한 찬란

아이스크림

너는 내 안에 눈빛이야
네가 내 옆에 있을 때
눈방울 무지개가 뜨지
나는 언제나 너를 생각해
너의 눈빛을 생각하면
달콤함이 먼저 나를 찾아와
네가 어디에 있든
너는 항상 내 곁에 있어
눈을 감았다 뜨면
너는 항상 내 곁에 있어
너의 사랑 속으로
네가 숨어있는 곳이라면
너는 내 안에서 녹고
하나가 되지
넌 정말 부드러워
네 안에 달콤함으로
내 안에 쏙 들어와
네가 나에게 녹고
내가 너에게 녹는 마음

당신의 수평선

노을빛에는 사연이 있지
파도에 나풀나풀 앉아서
젖어들어 밀려오면
너를 업고 걷는 길

파도로 깎아 만든
길에는
색채가 깔려 있다

부둣가에 앉아서
멍하니 바라보면
눈물도 잔잔하게
길을 내는 수평선

물고기 옷을 입고
풍덩 빨려 들어가
헤엄쳐 가고 있을까
물 위로 떠오를 때마다
가쁜 숨 노을에 섞여
밀려가고 밀려오고

부둣가에 앉아서
파도의 한 겹 한 겹에

눈물을 낱장 붙이는 너는
텅 빈 눈길을
수평선에 입힌다

수양버들 라면

어둡고 빛나고
낮고 높은
시간의 흐름에 따라
등으로 빛을 뒤집고
배를 내밀어 빛나고

새소리 더해지는
돌 틈 지나는 물소리
우물에 빠진 듯
그대 공간에 놓여있다

더러는 눈물의 감정
그 양념까지 치면
이 공간은
보글보글 끓은 라면이랄까

버들가지 길게 늘어뜨린 면발
혀끝에 닿는 맛이 진실일까
매운맛을 내는
멀고 가까운 명암들

라면 한 그릇으로
손님상에 내어져도

그대 가슴에 뿌린
스우프에
많은 눈빛과 눈물

너와 나의 새소리
나의 배시시 웃음
너의 미소 더해 놓고
손잡고 먹는 라면 한 그릇
사랑 삭힌 깍두기 한 접시

손잡아 줄까요

연녹의 잎이 햇살을 만날 때
그 환한 빛 머리에 이고서
산길 걸을 때
시원한 그늘 사이로
짙어지는 연녹의 빛
눈이 부셔요

손잡고 가더라도
가파른 길 어쩔 수 없지요
숨이 차오르고
발목이 아파도
쉬엄쉬엄 걷는 산길

연녹의 빛 보다
더 눈부신
가다 보면 짙어지는
푸르름은
어떻게 쌓이는지

믿음이 길을 이끌면
눈빛 먼발치에 두고
허무하지 않는 사랑으로
그대 손길 잡고서

함박눈

호수에 꽃잎이 하얗다
그 꽃잎 녹으면
물은 어떤 색깔로
너에게 스며들까

그것 다 받아먹고
녹아 없어져
하얀 세상으로 가슴을 녹이면
색의 순수함이
너의 사랑을 채울까

푸른 풍성함이
낙엽이 되어 떨어지듯이
저 하얀 꽃잎들 녹아
호수를 채우고
또 어디로 흘러갈지

호수에 내린 꽃잎이
가슴속에서 녹아내리면
나는 오솔길 쌓인 꽃잎 위에
발자국을 찍는다

얼어붙은 강물 위에서

얼음 위 쌓이는 눈
그 위에 햇살 끓이면
너에게 빛이 튀어서
나를 눈멀게 한다

뾰족한 나무 끝이
손끝 튕기며 춤을 추고
순톨이 입술 열어 노래하면
얼음 위에서 빛들이 춤을 춘다

나무 끝 위에서
내 노래에 내가
춤으로 너와 손을 맞잡고

반사된 빛에 눈부시게
춤을 추고 나면
내 눈은 너로 멀겠지

얼어붙은 강물 위에서
내 춤이 반사되는
나는 본다
그 빛에 눈이 멀고

서리꽃

물안개에 핀 서리꽃
향기마저 녹여 낼 햇살

보랏빛 꽃을 품고서
흰 가시들을 빛내다가
색으로 번지는
눈물이 이슬 맺혀 흐른다

사랑은 이별 연습인지
하얀 서리꽃 피어
600V 가시철조망 두르며
해 뜨면 없어질 빛을 마주한다

찰나의 시간이 지나고
햇살에 감전되어
이슬방울마저 사라지면
마른 풀잎만 남아

굽이굽이 핀 서리꽃에
해 뜰까
마음만 간절하네

외로움은 눈빛만큼

눈 덮인 산길
사랑이 비어있다
발자국 사이
내 발자국을 찍는다

나무 사이 공간들
새가 우니 더 비고
해가 저무니 더 비고

흙을 삽질하고
나를 심을까

길 위에 눈 녹으니
흔적이 녹는 산길
아른아른 올 것 같지만
없다
산길에 나 혼자

눈은 참 좋겠다
녹아 없어지면 그뿐
하늘을 보고 있고
외로움은 눈빛만큼 자란다

어김없이 내게로

속부터 겉까지 너무 아름다워
늘 눈앞에 아른거린다
길들여진다는 것이 참 무섭다
그대 손길이 아니면
느껴지지 않는 것들

텅 빈 공간으로
닫혀버린 세월 속에서

내 안에 태양이 떠오른다
눈빛으로 마주하진 못해도
그리움이 시작될 때면
너는 어김없이 내게로 온다

수평선

눈이 향하는 바다 끝
수평선은
새초롬한 입술이 된다

파도치며 속삭이다
나의 눈이 닿으면
문을 닫는 입술

고요히 다문 입술
수평선은 예쁘다

그 너머 보이지 않는 절벽
다가서면 그만큼 멀어져
그리움만 출렁거리고

꽃잎도 겹치고
낙엽도 겹치고
파도가 색으로 겹칠 하지만
내 마음 뒤로한 채
문을 닫는 입술

심해에 잠겨있는
그대 마음

보이지 않아 헤엄치지만
수평선에 닿으려 한들
닿을 수는 없겠지

햇빛 그대

와장창
숲에 햇빛 비추면
바람마저 반사되는
잎들의 단장

까치 울음이 색을 입혔을까
바람이 붓질을 했을까
마주하다 얼굴을 붉혔을까

나무 사이로 오시는 님에게
내 얼어붙은 볼 맡겨볼까

호호 불어주는 온기에
눈물
빛으로 반사되어
물들이다 흩날려

뛰는 가슴 쌓여
너의 거름이 될 수 있다면
쨍그렁
눈빛 멀어져도 좋아

태양 그리고 나

꼬불꼬불한 나무 사이
고난의 시간을 지나온 바람에
그대 마음 실려온다

그대가 없으면 고요한 숲
새벽 참새 지저귐에
눈뜨는 것들

그대 있어서
덧칠된 환희의 노래
떠오르면
새벽은 색깔을 드러낸다

색깔이 노래를 뽑는
꽃들의 시간
화동이 앞서가니
들러리들 춤을 추네

너는 눈을 뜨는 태양
나는 너로 수줍는 새벽
겨울 찬바람에
바람막이처럼

바위 여정

비비추 꽃대 길게 빼고
새 울음을 뽑으니
자갈길도 울며
춤을 춘다
노랫가락 밟으며
오르는 길

부정형 디딤돌들
닳아지는 흔적을 밟고
바람 스치는 잎에
검은 줄기의 춤으로
옮기는 발걸음

풀꽃 가득한 평야
햇살에 채운 향기
풍덩 빠져서
웅덩이 슬쩍 보니
빛 지느러미에
햇살 튀어 비치는
그대의 얼굴

잣나무 숲길을 지나
바위에 오른다

빈 바위를 보고 있어도
멍 때리는 시간이
가장 반가운 형상

꾀꼬리 울음에 내 마음
그대에게 보낼까
바위에 앉아
비비추 꽃대의 노래
눈물 맛이 나는
나의 노래를

큰 둠벙

비 온 뒤 둠벙
맑은 물 드는 수로에서
소금쟁이 튀어 오르고
얕은 물에 지느러미 내밀며
새물 먹는 물고기들이
일으키는 잔물결

햇살 한 줌 뿌려질 때
좌악 번져 오르는 물빛
그 빛이 좋아서
한없이 바라보고 있노라면
거울에 비친 듯
그대가 떠오른다

소금쟁이 튕겨 오르면
물결로 미소 지으며
마음속에
소금쟁이 발걸음
물빛으로 오는 그대

물가 수양버들은
거목의 세월을 늘어뜨리지만
그대와 함께

잠잠한 적이 없는 세월
물결 위에 떠 있고

보랏빛 청혼

보라색을 칠하다 퍼진
그 물감으로
고개만 내밀지 말고

울타리 사이로
쏙
고개만 내밀지 말고

나에게는 멈춰 있고
너에게로 흘러가는 시간

그대에게서 피어나서
노래가 되어 떨어져도 좋아

색감이 가장 빛날 때
시들어 갈 것 뻔해도
우리 결혼할까

쓴 맛 그리움

달콤인데 쓴 술을
왜 마실까요

멀어진 공간을
싹둑 잘라내고
마음의 노끈을 당길 때
빈 공간 채우느라
쓴 술을 마시지요

깊은 눈 바라보며
감정을 발효시켜 만든
느낌의 맛

웃음에서 녹는
피부에 녹아드는 맛
사랑의 눈빛이 만든
표정의 수채화

쓰윽 웃음의 꽃전
혼자 부딪치는 술잔
그리움의
쓴맛을 아실는지

제3부
부러진 나무의 눈빛들

낙엽

벌레 먹은 구멍
눈빛이 보여
눈을 맞추려 하면
마음속 어디쯤
맞닥뜨리는 캄캄함

눈빛 끌어안는
사랑 어디쯤 빠져
허우적거릴 뿐
캄캄한 어둠 속에서
헤어 나오지 못하고
마음 빛만 찾는다

흰 눈 녹아내린
찬바람 숭숭 드는 자리
사랑이 어둠을 뚫고
눈빛을 찾는
마음 따뜻해지는 자리

덮어주는 의미

떨어져서 뒹굴고
벌레 먹고 밟힌 생채기
흔적 그대로
흙으로 가지만

앙상한 나뭇가지 위
차디찬 바람에
울음 터질 듯한
순톨을 품고

살이 에이는 추위에도
흰 눈에 덮여
의미가 있든 없든
썩어가는 낙엽

그 사이로
빛을 내는 눈동자

낙엽으로 이불 덮은
흙 속에는
떨어진 씨앗
눈빛이 묻혀 있다

벌레 먹은 구멍 사이
메아리가 흐르는
노래의 의미로

부러진 나무의 눈빛들

물먹은 눈 내려와
나무가 뚝뚝 부러지고
바람에 넘어지는 날

응달에 자란 나무에게는
하늘이 열리는 날

부러진 나무들 사이에
서 있는 나무들
하늘을 보는 일이란
바라보다가
쓰러질 때가 있지

혼자 걷는 산길이
외롭지 않은 이유
산속 풍경에서 다가오는
눈빛 때문일까

소음으로도 다가오는
노래에 비하면
멧새 소리는
꿈결 속삭임이지

저리 많은 눈빛에서
사연을 듣다 보면
뚝뚝 부러져도
사랑으로 갈무리되는
닦아주는 눈물이 있겠지

부러진 나무의 눈빛들
반짝이는 눈물 따라가 보면
여전히 서로를 바라보는
나뭇잎의 푸르름

첫눈의 마음

잔가지 위에
하얀 혈액을 입힌다

마음속 색으로 길을 덮고
첫 발자국에
마음을 내어준 듯
마음을 새긴다

흰 눈 속에서
차가울수록 선명해지는
하얀 마음
그 정도면 그리움 짙은
사랑이라고 할 만하다

새들도 둥지 속을 파고들어
서로의 체온에 기대느라
노래도 없고
햇살도 없을 때

가는 혈관을 따라
흐르는 하얀 혈액
또 다른 색채 위에서
숨이 박동을 한다

가파른 산길에
첫 발자국을 찍고 올라
눈을 털고
빈 의자에 앉은 마음
발자국은 알겠지

단풍이 물든 눈빛

실핏줄 흐르는 가지에
마음을 물들이니
선명히 드러나는
흠뻑 젖은 마음색
허공에 흩날려본다

호수에 자맥질하는
물결 속 눈빛 기둥 세우고
산능선을 처마로 얹어
툇마루에 앉으니

비로소 보이는
구름 가린 얼굴과
물결에 일렁이는 눈빛
그리고
반짝이는 달빛

마음속 간절한 울림
참새 노래에 실어 보내고
호수에 마음을 담그니
잡힐 듯 말 듯
그림자만 남는구나

눈빛 낙엽이
반짝이며 떨어진다
고통이 스쳐간 빛바랜 색들
주무르고 주물러
바람에 잎 뿌려
선명한 마음의 색상으로

고통과 간절함의 색들
사이로 피어난 눈빛들
호수 안에서 반짝인다

애기나팔꽃

작은 나팔을 내밀기까지
곁을 늘 지나갔어도
존재를 몰랐다
꽃을 보고서야
사랑에 눈을 뜬다

현실적 존재라는 것이
그림자로 사라지고
시간이 날짜로
사라지려 하고

그냥 풀이였을 때
살아있는 삶은
욕망이고
때론 고통이기도 하지

애기나팔꽃이 아름답다
그냥 피었까
아름다움을 밀어 올리는
생존의 넝쿨에서

기도하지 않아도 꽃이 피고
기도해도 꽃이 피는데

감정을 덧칠하려고 애쓰는 존재
애기나팔꽃 피워낸
흙의 사연을 누가 알겠는가

눈빛

허공이 뚫려있다
나뭇잎 흔들리는
눈빛을 본다

눈빛 호수에 풍덩 빠지면
나는 없고 너만 있다

눈빛을 보면
그리움도 없다

너를 가장 가까이서
마주하고 있으니
마음 속 호수에는
그대 눈동자 뿐

내가 외롭지 않는 이유
나무들 사이 허공에서

꽃 심는 마음

마음에 꽃씨를 심는다
마음이 노란색 그대로
가득하면 어떨까

당신 좋아하는
노오란 소국
마음속 돌고 돌아
꽃무리 가득
피어날지 모르잖아

하얀 망초도
한다발 옆에 심으면
노란색 그대
더 빛나지 않을까

노란색 꽃무리
바람결에 춤을 추며 속삭이네
마음을 물들인다고
꽃과 함께
그대와 함께

발레리나 나무

그대와 나 가지로 이어져
까치발 들고
한 몸이 되기까지
쌓아온 세월
껍질의 흔적으로 말한다

입을 맞추려 해도
가지 끝으로 멀어지는
서로 다른 하늘로
허리가 휜다
그것이 자유라는 것이지

발끝으로 선 동작
태풍을 만나도
휘어질 뿐
하늘 향해 내민
먼 손 끝이 푸르다

지빠귀 울음의 아침

잎에 맺힌 물방울을 쪼다
무지개를 삼켰을까
그리운 빛이 소화되는
물기 터는 지빠귀 노래

부르고 싶어도
침묵을 삼켜야 할 때
노래를 부른다
같이 손을 잡고
같이 걸어가고

지빠귀 맑은 울음
노래를 삼키다 보면
눈물 삼키는 소리
울음을 두들기겠지

송담 세 잎

나무에 오르지 못하고
땅바닥을 기는 줄기들
별이 쏟아져 땅에 박힌 듯
숲속에서
반짝반짝 얼굴들

햇살 녹여 먹는
짙은 입술을 잎에 그리고
나에게 말을 걸어오면
그대는 세 작은 잎으로
내 시야를 덮는다

푸르름 가득 채워진
줄기의 끝은
나무에 올라 나를 보려고
가슴을 툭-치면서
자라 오르는 눈빛들

눈썹을 그려 넣고
눈동자에 점을 찍고
입술에 붉은 물감 바르고
내 앞에 선
푸르름 많은 그대

끝내 소나무에 올라
하늘 끝에 서서
마음 끝 눈빛에
푸른 물감 바르겠지

개울길

개울물에는
너로 새긴 시간이 흐른다
심장으로 흘러가는 버들길

꼿꼿한 갈대숲을 지나
아카시아꽃향기 숨 쉬고 나니
망초꽃에도 눈길이 머문다

나비가 앉아 있는
미세한 떨림의 긴장

거닐다 보이는 찔레꽃
향기마저 들이마시면
마음에도 나비가 앉는다

멍석딸기

비 오는 날
살포시 안개 내리니
물방울 앉은 잎 옆에
물방울처럼 또 꽃 피어

익으면 따 주겠다는 약속
기약은 없지만
익을 때는 만나겠지

발자국만큼 떨어져
줄지어 핀 꽃
뛰어서 오는 자리마다
얼굴 붉히고

꼭 따줄게 하는 약속
비에 씻긴 꽃을 보니
마음이 설레는구나

잔가지

하얀 눈 잔가지에 내려
실핏줄 따라 흘러
싹을 틔우네

활짝 핀 얼음꽃에
눈코입 그려 넣고
눈 맞추고 있으려니
어느새 싹터 오는
흰 눈의 온기

멧새들 새벽 노래에
춤을 추자
뜨거운 피 밀어올려
서로 가슴 녹이고

햇빛 쨍하고 비추면
너는 나에게 녹아
바람의 더듬이로
색의 춤으로

바라볼수록 눈부셔
눈을 찡그리고
초점을 겨우 맞추어

흘깃 보아도 벅차오를
가슴 트이는 꽃들 피어나

진박새 생강나무에 앉았다

안개비 내리는 아침
떨어지는 물방울
앙상한 가지에
주렁주렁 너의 얼굴 맺히면
추운 겨울은 이별을
봄으로 녹인다

가지는 물방울 머금고
진박새 노래를 듣는다
꽃순이 눈을 뜨는지
지저귀며 봄이 왔다 하네
물방울 속에서
무지개를 찾다가
가지에 매달린 너의 얼굴 보고
고요 속에 눈물을 감춘다

진박새 울음소리에
뚝뚝 떨어지는 물방울
그대 얼굴 떨어지네
어디로 흘러가려나
생강나무 꽃단장 위로
살포시 내려앉는
봄이 오는 소리

눈 뜨는 봄

낙엽 진 줄기 안에
얼었던 눈물도 녹고
메마름 위에
실눈 뜨고 돋아나는
푸르름이 있다

눈빛 저 멀리
흙 속 입김으로도
낡아지는 것들에서
돋아 오르는

새 소리에 햇살
꽃망울 틔우면
흙 속 뿌리 끝에는
가슴을 친다

흰 눈의 환희

새들도 잠든 숲
고요 속에 눈이 내린다

환희의 선율이
흰 눈을 타고 연주되자
나무들의 춤선이 시작된다

나뭇가지에 쌓인 눈
흰 소매 끝 날리며
휘어지고 꺾어지고
다시 뛰어오르는
관절이 역동하는

누가 서 있다고 말하는가
눈이 온다고
버선발 든 춤사위지

누구를 위한 환희인가
흰 눈의 살결 나무에 얹고
쌓이는 무게에
휘어지는 휘몰이
옷섬에 쌓이는 흰 눈

꽃이 보고 싶으면

세찬 추위 앞에 선다
한겨울 얼었다 풀리면
찬서리 아래 나눈 대화가
봄꽃을 피워낼 것이다

새소리가 수맥을 타고 흐르고
나의 눈빛이 눈을 녹이면
푸른 잎으로 울창해지겠지

네가 심어진 흙 속에서
꽃을 잉태하는
순간을 위해
얼굴 내민 찢긴 낙엽들

눈 녹은 물이 얼었다 풀리면
흐르는 물은 숨결이 되어
눈꽃을 틔우겠지

꽃이 보고 싶으면
나란히 얼면서
봄이 오기를 기다리면 된다

오목눈이에게

개나리색 만발한
햇살 가득한 하늘
창공을 가르며
네가 휘리릭 날아올랐다

너와 햇빛의 시간
너는 날 선 검이 되어
온몸을 휘두른다

깨뜨려지는 차가운 아침
쏟아지는 햇빛 알갱이
휙휙 창공이 갈라지는 자리엔
햇살이 눈부시다

네가 날아간
흔적들 하나로 묶어
현을 켜 연주하고
노래하며
너와 마주한 시간

너는 이제 사라지고
베인 흔적 없는 하늘
노래가 끝났다고

시간이 의미 없다면
너를 향한 사랑도
사라지고 없겠지

수묵화로 사는 나무처럼

나무를 그리라면
이파리의 애교보다
줄기의 뚝심을 그리고 싶네

바람의 귓속말은
밤이 되어도
지워지는 일은 없지만

먹물마저 사치스러운 여백
더 많은 것들을 받치고 있는 줄기,
말없이 기다리는 사랑은
앙상하여 바람에 흔들려도
수묵화처럼 풍경의 주인이 되네

표현되지 않는 가지도
바람에 흔들리고
뚝심으로 선 생애의 한 가운데
밤이면 별들이 내리고
벌레 울음마저 함께 울어 준 당신

여백을 벗 삼아
깊은 밤하늘 하얗게 새우며
한 점 수묵화로 살고 싶네

달빛 수선화

나뭇잎 사이 뚫린 하늘
어둠 속 달빛 공간
피어있는 수선화

여치 울음이 오르내리면
너의 소식 내 가슴에 내려와
달빛을 핑계로 울어댄다

수선화로 만발한 눈빛
전율이 흐른다
마주 잡은 손끝 따스함으로

나뭇가지 사이로
달 뜨는 눈빛
마주하지 못한 가슴은
사무치기 마련이지

나무의 곡선曲線

휘어진 나무를 보면
검은 선들이 뚜렷하게 보인다
껍질과 색을 닮은 깊은 한숨

뼈를 움직여서
살결의 곡선을 긋고
박힌 듯이 서서
얼굴로 내민 푸르름

나뭇잎 사이로 땅거미 질 때
하늘을 보면
빛의 연주 더 선명하지

세상 바람 따라
마디를 꺾으며 휘어진
나무의 침묵 속 이야기
참새 한 쌍 둥지에서
제각기 날아올라도
결코 이별이 아닌 것처럼

마음의 곡선이 춤출 때
뿌리 깊은 한숨으로 출렁일 때
휘는 선으로 서로를 안고

춤추는 사람들

나무의 곡선에서
감아올리는 사랑의 곡선

둥지

까치집은 언제나 침묵
애타는 울음 근처에 있어도
정작 둥지는 언제나 빈 집

수양버들 꼭대기에
매달린 침묵
하루 울었으면 됐을까
허무를 먹고 매다는 허전

하루 지나가는데
나무 우듬지 둥지는
할 말이 많구나
새벽은 춥지 않았냐고
낮에는 덥지 않았냐고
날씨만 물어도 하루가 짧다

어디든지 둥지만 있으면
눈빛을 마주하니 됐고
보듬을 온기가 있어서
울음도 멈추고
묶음 끝에 걸리는 둥지

빈 입을 쪼아도

초봄 푸르름이 묻히는 노래는
구름 틈 사이 비치는 햇살
그 맛에 사는구나

민들레

흙 속에서 노란색만을 찾았을까
웃음을 찾다 보니 노란색이 되었을까
햇빛에서 노란색만 뽑았을까

흙을 어떻게 먹으면
꽃으로 피워낼까
색깔의 순도 위에
햇살이 파르르 떤다

노란색 완전한 순도
순결한 사랑으로 꽃 필 때
그때 비로소 땅 아래
흙의 마음을 본다

꽃잎마다 제각기 눈을 뜨고
나를 찬찬히 올려다보는데
내 안에 검은 실을 뽑아
노란 꽃으로 수를 놓는
마음의 눈을 열고
내 눈을 너에게로 맞춘다

제4부
천국의 계단

조약돌

물결 속 산돌은
왜 그렇게 선명한지

저마다 모양으로 비추지만
새겨진 얼굴은 똑같아서

맑은 물 일렁일 때
한가득 흘러갑니다

눈 오는 날 맑은 물 흐를 때
내 마음에 그대 오신지
아시나요

맑은 눈물 한가득 흐를 때
산돌같은 조약돌 얼굴마다
그리움 얹어 놓습니다

눈물샘에서 솟아나
마음의 심연을
흐르는 물결

천국의 계단

하나하나 오르면
나타나는
산속 빈 의자

한 계단 한 계단
오르는 길 팍팍해도
그 끝에는
어둠이 없다는 희망으로
발을 딛는다

빈 의자 위
맑디맑은 투명함으로
밝디밝은 빛이
사랑으로 서로를 비추는

기쁨이 부풀어 흘러가는
그곳으로 가는
이 길을
왜 고통이라 말하는지

기쁨은 느끼기보다
갖는 것
오늘도 나는

가파른 오르막길
마다하지 않는다

시간을 도열시켜
굵은 나무로 선
그 길을 지나면
결국 그 끝에는
빈 의자가 있지

내가 앉으면
그대는 거울처럼
항상 곁에 있어
투명한 마음
사랑을 비춰준다네

목욕통

빛으로 가득하다
풍덩 빠져도
그대의 향기와
푸르름 가득

꽃잎도 빠지고
꾀꼬리 울음도 빠지고
내 눈빛도 빠지고
빈 그네도
하늘의 꿈으로
풍덩 빠져있고

빛이 가득해져도
무너지지 않는
그대의 숨결과
그대 눈빛

빛의 물결을 헤엄쳐
그대 앞에 서면
숨소리의 빛이
나를 숨 쉬게 한다

춘설 春雪

습설에 댕강
잘려 나간 몸
영혼은 남겠지
속이 텅 빈 몸
북채로 두들기면
나즈막이 들려오는
영혼의 소리

팔 벌리는 푸르름 어디쯤
님이 오시는지
마른 가지가 눈을 감고
미소로 기다리네

봄바람에 눈물이 맺힌 듯
쌓인 눈꽃 무리
참새, 오목눈이, 박새 소리
더불어 들으며 나도
저들만큼 노래하네

습을 품은 눈꽃
짐 내려놓을 때쯤
만발한 꽃들
나를 향해 눈을 뜨겠네

시간의 천국

시간이 섬세함으로 느껴져요
가늘게 나누어진 시간들이
문자로 변해서
나의 뇌 속에서 회전을 하고

꺼내어서 보면
바람이며 나무며 풀들이
조각조각 맞추어져서
그대를 수놓고

어디서 풀어놓은 물감인지
벌써 색이 칠해져 있기에
더 높은 영역의
심장과 마음이 되살아나서
수를 놓는 바늘 끝

눈빛 마주하는
순간이 다가오면
한 땀 한 땀
수놓은 마음 한가득

아득한 손

골짜기를 돌아서
모래톱을 만들고
바다로 가나 싶었더니
다시 샘이 솟아서
사랑을 만들고
그것들이 흘러서
어디로 갈지

욕심도 인생도 손을 펴고
놓았는데
다시 골짜기를 돌면서
바다가 아닌
또 다른 골짜기를 향하다가
어둠을 옷에 묻히고
향기도 옷에 묻히고
흐드러지게 핀 망초꽃

멍하니 보다가
바위에 부딪쳐
물보라로 튀기도하고
결국 손을 내밀어
아득한 손을 잡을 수 있을지

살아가는 신비

주여 내가 살아온 것이
은혜입니다

수 없는 환란을 당하나
하나님이 함께 하심에
그 환란이 나를 정결하게 하시니
감사가 넘치나이다

시간이 신비하게 흘러갑니다
우울한 생각이 상존하지만
내 마음과 무관하게 일상은
기적의 시간으로 흘러갑니다

불안하지 않는 인생이 어디 있으며
죄 없는 인생이 어디 있겠습니까만
나는 하나님을 알기에
하나님의 영광을 노래합니다

나는 향내를 풍기며 연기 기둥처럼
거친 들에서
하나님께 감사를 드립니다

모든 것이 은혜일 뿐입니다

표정의 천국

내 앞에서 웃음이 피어나면
맑은 하늘이 내려와 있죠

맑고 투명한 웃음을 보면
나는 그 안에서
무늬로 비추어진다

파드닥 물고기가
눈빛 속에서 튀어 오르고
돌 틈 사이로 맑디 맑은
웃음이 씻기면

햇살에 물빛 쏟아지는
너의 머리맡에
수양버들 잎 띄우고
바라보는
눈빛 먼발치

그 맑음에 보태어
바라보고 있으니
사랑하는 마음
맑아져 온다

길 너머 길

저 계단 너머
다다를 수 있을까
아득해 보이기만 하다
그대가 있어 손잡고
걸어줄 것 같은
길 너머로 가는 길

순교자도 아닌데
사소한 것에 목숨을 걸며
예수의 십자가 짊어지고
한발 한발 오르는 길
저 계단 너머
내가 바라보는 구원

저 계단을 오르면
짙푸름 속 그대가 있을까
내몰지 않아도
스스로 계단을 올라
길 넘어 길을 가는
나는 순교자인가

연분

시간이 너울치는
보석빛 물결
낼 죽어도
난 후회가 없다오

그대가 오시니
목마름이 녹는
환희의 빛

나를 비추는
천 개의 눈동자
그 눈빛 속에서 살아요

내 마음속
우주가 열리는
천상의 노래

낼 죽어도
눈이 부신
기쁨의 빛들이
놓이는 이 시간

주님 앞에 나아갑니다

주여
하늘의 향기로 치료의 광선을 발하시고
새 힘을 주시니
광야로 거침없이 나아갑니다

구름기둥과 불기둥으로
우리를 덮어주시고
해지지 않는 옷을 입히시고
해지지 않는 신을 신기어
주님의 날개 그늘 아래 거하게 하시니
감사드립니다

내가 그리스도와 함께 십자가에 못 박혀
내 안에 오직
그리스도께서 사시는 인생의 여정 가운데
부활의 능력으로 임하시는
주님을 찬송합니다

세상에서 나를
외치는 자의 소리가 되게 하시어
광야에서 길을
여는 자가 되게 하시고
사막에서 대로를

평탄케 하는 자로 서게 하십시오

그리하여
골짜기마다 돋우어지며
산마다 언덕마다 낮아져서
험한 곳이 평지가 되는
주의 영광을 보이심을 믿습니다

사랑의 순간

찬바람 부는데
하얀 춤
햇빛은 찬란
어떤 표정으로도
감출 수 없는 반짝임

흰 눈빛 틔우는
눈꽃 속에서
햇살 눈부시네

마음에서 꺼낸 온기
호호 불어 드리니
그대로 녹는 기쁨
누가 가져가리

빛의 얼굴

바람이 빛을 터니
햇살 막 쏟아져
너의 얼굴이 되더니

바람결 따라
너의 얼굴
얼마나 반짝거리던지

나뭇잎 보고 있으니
반짝이는 눈물
그리움도 빛난다

박새가 쪼아서
만든 악보 위에서
나는 노래한다

내 호흡으로 들어와
빛으로 염색된 너는
눈을 감아도 있다

■ 해설

삶의 영성과 시적 서정의 독창적 만남
시집 『부러진 나무의 눈빛들』에 담긴 정상조의 시세계

김 윤 환 시인/문학평론가
(백석대 대학원 기독교문학 교수)

1.

우리가 익히 알다시피 정상조 시인은 '을매'라는 닉네임으로 주식경제 전문가로 알려져 있다. 주식전문가 시인이라는 독특한 프로필도 이채롭지만 그가 독실한 기독교 신앙인이라는 점에서 더욱 눈길이 간다.

신앙인이자 시인이고, 시인이자 주식경제 전문 에널리스트로서 정상조의 시세계는 과연 어떨까 하고 많은 독자들과 그를 지켜보는 증권가 애청자들의 관심도 대단한 것이 사실이다.

필자는 그동안 정상조 시인의 신앙과 문학, 그리고 남다른 주식경제에 대한 이해를 곁에서 지켜보면서 시의 세계도 경제 세계와 마찬가지로 단순히 1차원적인 시각으로만 들여다볼 수 없을 것이다.

시인은 사물과 현상을 보이는 것 너머를 보고, 감춰진 것의 의미를 들여다볼 수 있어야 하는 것처럼 주식경제 역시 당장 보이는 것 너머 과거와 미래를 보는 영안(靈眼)이 뜨여 있어야 제대로 볼 수 있으리라. 따라서 시인의 시적 영안과 경제적 혜안(惠安) 어쩌면 신앙적 영성이 빚어낸 특별한 은총(恩寵)이라는 상상을 본다.

정상조 시인의 이번 시집은 제4시집으로서 그동안 제1시집 『어치가는 길』(2003), 제2시집 『아득한 손』(2021), 제3시집 『수묵화로 사는 나무처럼』(2023) 이 후 더욱 섬세해진 감성과 세상과 신앙에 대한 성찰을 보여주고 있다.

시집은 4부로 나누어 95편이 수록되어 있다. 제1부는 '햇살 그림자'라는 부제로 문학적 감성과 인간에 대한 시적 은유가 잘 표현된 작품들로 구성되어있고, 제2부는 '서리꽃'이라는 부제로 사랑의 아름다움과 아픔을 공감의 시어로 정리되어 있다. 제3부는 '햇살 그림자'라는 부제로 자연 속에 깃든 하늘의 섭리와 인생의 지혜를 담아 노래하고 있다. 끝으로 제4부에서는 '천국의 계단'에서는 시인의 문학과 삶을 지탱하는 영적 에너지의 원천인 믿음과 소망을 담은 신앙의 성찰을 담은 시편들로 구성되어있다.

따라서 시집 『부러진 나무의 눈빛들』에 수록된 시를 통해 시인 의 문학적 신앙적 영성의 전이(轉移)를 통해 공감과 동화(同化)의 보람을 일을 수 있을 것으로 평가된다.

2.

이제 그의 시 몇 편을 감상해보자
먼저 1부에 수록된 시편 중 「풍등 인간」이 우리 인간의 모습을 잘 표현해 주고 있다.

> 자고 깨니 나는 종이였다
> 내 마음은 원래
> 그대로 채워져 있었기에
> 그대가 그려져 있다
>
> 혹- 바람에 날아갈까
> 창호지에 침을 묻히면
> 종이로 만들어진 나는
> 구멍이 아주 쉽게 뚫리겠지
>
> 종이로 된 눈알을 굴리면
> 날마다 왔던 산길도
> 바람에 떠는 창호지처럼
>
> 뿌옇게 흔들리는 풍경
> 얼굴 하나 그려진 종이
> 바람결에 날아오른다
>
> 종이 심장으로 숨을
> 후-하고 크게 내쉬면

금세 구멍이 뚫릴 것 같아
조심스러운 호흡

늘 마지막인 풍경
산길을 가서 보니
종이에 그려진 얼굴이
달맞이꽃으로 반긴다

종이로 만든 몸
물에 닿지 않으면
제법 꼿꼿이 서서
마지막을 넘어 또 보는
풍경의 기쁨

그대 그려진 종이등에
불을 밝혀 띄우는 마음
그대는 아는가

- 시 「풍등 인간」 전부

'자고 나면 나는 종이었다'는 표현은 마치 풍등을 감싸는 얇은 백지같은 인간의 마음을 표현한 것이다, 자신의 마음이 둘러싼 중심에 빛이 들어 있어 세상의 어둠을 밝히는 등불이 되는 것처럼 한낱 얇은 종이같이 연약한 존재인 내가 세상 '물에 닿지 않'음으로 꼿꼿히 서서 풍경을 밝히는 기쁨을 가질 수 있다는 것을 시인의 특별한 상상으로 빚어낸 노래다. '금세 구멍이 뚫릴 것 같아 / 조심스러운 호흡'으로 '늘 마지막인 풍경' 같은 인생길 세상길 보지만 내 마음의 '종이에 그려진 얼굴'은 '달맞이꽃'이 된다는 표현은 우리의 마음은 위태롭지만 조심스러운 숨결로 아름다움을 밝혀주는 따뜻한 등이 되는 것을 깨닫게 해준다.

또한 시인은 시장 곰탕집 식당에서 모성의 풍경을 그림으로서 사랑의 온도계를 독자에게 제시하고 있다.

> 평생을 소머리 곰탕만 끓이다가
> 자식에게 물려주어도
> 아직도 자리를 지키는 할머니
>
> 소머리에 살코기 섞어
> 곰국 끓여 팔다 보니
> 정이 담긴 맛에
> 줄 서서 먹는 집이 되었단다
>
> 아직 부서지지 않는 몸이라서
> 빈 시간 어김없이
> 식당을 지키는데
>
> 평생 썰어온 소머리 고기
> 이제 썰어줄 힘이 없어
> 말은 못 하고

"고기는 많이 줄게
네가 썰어 먹을래?"

먹고살기 위해 했던 곰탕집
잔소리 사무쳐도
혼자 앉아 있는 마음을

국물에 담긴
깊은 마음마저 끓는
뜨거운 눈빛
소머리 곰탕 한 그릇

- 시 「곰탕집 할머니」 전부

 시장통 식당에서 누구나 한 번쯤 보았을 할머니와 그 자녀의 동업을 지켜보는 시인의 마음에는 평생 소머리 곰탕집을 운영하던 노파가 식당을 자식에게 물려주어 그 남은 사랑을 어찌지 못해 식당 곁을 지키는 풍경을 통해 끊이지 않는 모성의 뜨거움을 보여주고 있다. 할머니의 그러한 사랑으로 끓인 곰국이 찾는 이에게도 전달되어 줄 서서 먹는 맛집이 되었을 것이다. 세상 속 풍경을 그냥 지나치지 않고 사랑의 눈으로 깊이 들여다본다는 것은 시인의 감성이 얼마나 따뜻한가를 보여주고 또한 시인의 노래가 궁극적으로 무엇을 들여줘야 할 것인가 시문학의 효용성을 다시 생각하게 되는 그야말로 '곰국' 같은 시편이다.

3.

　정상조 시인의 시가 따뜻한 메시지를 담아 표현하지만 시문학 장르의 핵심이라고 할 수 있는 은유와 반전의 표현을 간과하지는 않는다. 작품 속에는 시적 승화가 잘 이루어진 신선한 묘사가 상당히 빛나고 있다. 그러한 표현기법의 대표적인 작품을 감상해보자.

노을빛에는 사연이 있지
파도에 나풀나풀 앉아서
젖어들어 밀려오면
너를 업고 걷는 길

파도로 깎아 만든
길에는
색채가 깔려 있다

부둣가에 앉아서
멍하니 바라보면
눈물도 잔잔하게
길을 내는 수평선

물고기 옷을 입고
풍덩 빨려 들어가
헤엄쳐 가고 있을까

물 위로 떠오를 때마다
가쁜 숨 노을에 섞여
밀려가고 밀려오고

부둣가에 앉아서
파도의 한 겹 한 겹에

눈물을 낱장 붙이는 너는
텅 빈 눈길을
수평선에 입힌다

- 시 「당신의 수평선」 전부

　이 시는 화자(話者)와 대상(對象)의 관계를 수평선으로 그려놓고 그 위에 상호 간 심적 파도를 묘사한 것으로 다양한 은유를 동원하고 있다. '파도에 나풀나풀 앉아서 / 젖어들어 밀려오면 / 너를 업고 걷는 길'은 사람과 사람, 사랑이 이어지는 길(수평선)에는 사랑하는 대상을 업고 걷는 길로 심상(心想)을 구체적 이미지로 표현하고 있다. 또한 '눈물을 낱장 붙이는 너는 / 텅 빈 눈길을 / 수평선에 입'히는 그리움에 대하여 환유(換喩)의 이미지를 표현함으로 상투적 수 있는 그리움의 감성을 시인 만의 시적 은유로 상승시켜 신선한 감동을 자아내는 것이다.

　시인은 자신이 발견한 시적 풍경을 서정의 빛깔로 환치(換置)시키는 특별한 시작법을 구사하고 있다. 주로 시집

3부에서 자연을 배경으로 그러한 기법이 두드러지는데 그 작품 중 「서리꽃」은 시적 공감의 문턱을 낮추면서도 독특한 표현을 발견할 수 있다.

    물안개에 핀 서리꽃
    향기마저 녹여 낼 햇살

    보랏빛 꽃을 품고서
    흰 가시들을 빛내다가
    색으로 번지는
    눈물이 이슬 맺혀 흐른다

    사랑은 이별 연습인지
    하얀 서리꽃 피어
    600V 가시철조망 두르며
    해 뜨면 없어질 빛을 마주한다

    찰나의 시간이 지나고
    햇살에 감전되어
    이슬방울마저 사라지면
    마른 풀잎만 남아

    굽이굽이 핀 서리꽃에
    해 뜰까
    마음만 간절하네

- 시 「서리꽃」 전부

　'물안개'와 '서리꽃'의 빛깔의 쓸쓸한 새벽 풍경과 상심(傷心)의 내면 빛깔로 그려진 '보랏빛 꽃'과 '흰 가시들'은 결국 '눈물로 번지는' 것으로 시적 이미지를 그렸다가 '찰나의 시간' 이 후 '햇살에 감전되어 / 이슬방울마저' 사라진 후 '마른 풀잎'이 되는 서리꽃을 한 폭의 영상처럼 펼치고 있다. 시인은 이 시를 통해 우리의 분주한 마음을 서리꽃의 한 찰라에 비추어 좀 더 차분하기를 말하고 싶은 것이리라. '굽이굽이 핀 서리꽃' 인생에 우리는 그래도 '해 뜰까' 간절한 마음을 갖고 살아가야 함을 위로하는 노래라고 할 수 있다.

4.

　시인은 자연을 소재로 시를 창작하지만, 자연을 단순히 스케치하거나 묘사에 그치지 않고 그 시에 인간의 내면과 시간의 비밀을 담아 잔잔한 문장으로 그려내고 있다. 그것은 시인이 사물에서도 영원을 느끼고, 꽃과 식물에서도 영혼을 들여다보는 영성을 지니고 있기 때문이리라.
　이번 시집의 표제시 「부러진 나무의 눈빛들」은 자연현상을 통해 사람의 계절을 통찰하고 있다.

　　　물먹은 눈 내려와
　　　나무가 뚝뚝 부러지고
　　　바람에 넘어지는 날

응달에 자란 나무에게는
하늘이 열리는 날

부러진 나무들 사이에
서 있는 나무들
하늘을 보는 일이란
바라보다가
쓰러질 때가 있지

혼자 걷는 산길이
외롭지 않은 이유
산속 풍경에서 다가오는
눈빛 때문일까

소음으로도 다가오는
노래에 비하면
멧새 소리는
꿈결 속삭임이지

저리 많은 눈빛에서
사연을 듣다 보면
뚝뚝 부러져도
사랑으로 갈무리되는
닦아주는 눈물이 있겠지

부러진 나무의 눈빛들
반짝이는 눈물 따라가 보면
여전히 서로를 바라보는
나뭇잎의 푸르름

- 시 「부러진 나무의 눈빛들」 전부

거센 세파에 인생이 무너지는듯한 고통을 비유한 부러진 나무의 눈빛들은 오히려 그 응달의 시간에 하늘이 열리는 시간이 됨을 노래한다. 누구나 쓰러지고 다치는 삶 가운데 그래도 하늘을 행해 우뚝 선 인생에 응원을 보내는 희망의 노래로서 이 시는 독자의 마음을 울리게 될 것이다.

'저리 많은 눈빛에서 / 사연을 듣다 보면 / 뚝뚝 부러져도 / 사랑으로 갈무리되는 / 닦아주는 눈물이 있겠지' 자신의 삶이 바닥이라고 지쳐 우는 영혼들에게 하늘을 향한 사랑을 붙들기만 한다면 내 눈불 닦듯이 다른 이 눈물을 닦는 사랑의 눈빛이 있다면 부러진 것은 끝이 아니라 마른 잎 다시 살아는 희망의 새싹이 된다고 노래하는 것이다. 그야말로 바닥에서 하늘을 바라보는 모든 영혼을 향한 위무(慰撫)의 노래, 영혼의 시편이라 하겠다.

나무를 은유의 도구로 삼아 노해하는 다른 시 한 편을 보자. 「나무의 곡선」은 또 다른 시선으로 사람의 마음을 들여다 본다.

휘어진 나무를 보면
검은 선들이 뚜렷하게 보인다
껍질과 색을 닮은 깊은 한숨

뼈를 움직여서
살결의 곡선을 긋고
박힌 듯이 서서
얼굴로 내민 푸르름

나뭇잎 사이로 땅거미 질 때
하늘을 보면
빛의 연주 더 선명하지

세상 바람 따라
마디를 꺾으며 휘어진
나무의 침묵 속 이야기
참새 한 쌍 둥지에서
제각기 날아올라도
결코 이별이 아닌 것처럼

마음의 곡선이 춤출 때
뿌리 깊은 한숨으로 출렁일 때
휘는 선으로 서로를 안고
춤추는 사람들

나무의 곡선에서
감아올리는 사랑의 곡선

- 시, 「나무의 곡선曲線」 전부

  시인은 '휘어진 나무'에서 휘어진 인생을 보고, 그 사이 깊은 검은 한숨이 있음을 본다. 그러나 그 삶의 시간에 어둠이 몰려올수록 빛(희망)의 연주가 선명해질 수 있음을 노래한다. '세상 바람 따라 / 마디를 꺾으며 휘어진 / 나무의 침묵 속 이야기'를 들려주며 '참새 한 쌍 둥지에서 / 제각기 날아올라도 / 결코 이별이 아'니라고 말하며 오히려 '마음의 곡선이 춤출 때 / 뿌리 깊은 한숨으로 출렁일 때 / 휘는 선으로 서로를 안고' 위로의 춤을 추는 사람들을 사람들에서 사랑의 노래(曲), 사랑의 선율을 발견하고 노래한다. 이렇듯 정상조 시인은 자연의 섭리와 우여곡절 속에서 인생의 리듬을 찾고 희망을 노래하는 독창적 시선을 가진 시인이다.

  힘들고 지쳤다 할 때 그것이 오히려 삶의 전환점, 희망의 기회가 되는 것을 시인만의 영성으로 노래하는 것이다.

5.

  4부에 수록된 시들은 대체로 시인의 신앙과 영성이 구체적으로 표현된 작품들이다. 특히 그중에 「목욕탕」이라는 시는 마치 그리스도 예수의 빛이라는 물통에 빠지는 황홀한 풍경을 그려내고 있다.

빛으로 가득하다
풍덩 빠져도
그대의 향기와
푸르름 가득

꽃잎도 빠지고
꾀꼬리 울음도 빠지고
내 눈빛도 빠지고
빈 그네도
하늘의 꿈으로
풍덩 빠져있고

빛이 가득해져도
무너지지 않는
그대의 숨결과
그대 눈빛

빛의 물결을 헤엄쳐
그대 앞에 서면
숨소리의 빛이
나를 숨 쉬게 한다

- 시, 「목욕통」 전부

화려한 인생(꽃잎)도 빠지고, 아름다운 노래(꾀꼬리 울음)도 **빠지고**, 자신의 눈빛과 빈 그네도 하늘에 풍덩 **빠지**는 꿈을 그리는 이 작품은 몽환적이고 안온(安穩)한 서정을 우려내고 있다. '빛이 가득' 해 무너지지 않는 믿음의 사람들의 숨결과 눈빛을 시인의 잔잔한 노래로 고백하는 것이다.

시인의 영성과 문학적 감성이 놀랍게 조화를 이루는 작품이라 하겠다. 신앙의 궁극적인 기대치는 결국 모든 인생이 빛 가운데 거하여 평화를 누리고 나누는 일이 아니겠는가. 그러한 평화와 위로의 시심(詩心)이 정상조의 시세계를 구축하는 힘이 되고 있다.

끝으로 시인의 서정적 근원이 되는 신앙과 이웃들과 삶의 신비. 시간의 비밀을 고백록처럼 부른 시편 「살아가는 신비」를 독자들과 함께 음미하고 함께 노래하면서 아주 특별시 시집의 해설을 갈무리하고자 한다.

정상조 시인의 문학과 경제적 헌신이 더욱 선한 영향력을 끼치길 기도하며 응원해 마지않는다.

살아가는 신비

주여 내가 살아온 깃이
은혜입니다

수 없는 환란을 당하나
하나님이 함께 하심에

그 환란이 나를 정결하게 하시니
감사가 넘치나이다

시간이 신비하게 흘러갑니다
우울한 생각이 상존하지만
내 마음과 무관하게 일상은
기적의 시간으로 흘러갑니다

불안하지 않는 인생이 어디 있으며
죄 없는 인생이 어디 있겠습니까만
나는 하나님을 알기에
하나님의 영광을 노래합니다

나는 향내를 풍기며 연기 기둥처럼
거친 들에서
하나님께 감사를 드립니다

모든 것이 은혜일 뿐입니다

정상조 시인_ 1994년 《예술광주》,《문예연구》 시부문 신인문학상, 시집 『어치 가는 길』,『아득한 손』,『수묵화로 사는 나무처럼』. 증권저서『4구간 기법』 발간, 경제방송 토마토TV, 팍스넷TV 고정 출연, 유튜브 [웅달책방] 고정 출연, [미래경제뉴스] 시 연재,
유튜브방송 https://www.youtube.com/@을매 운영
밴드 https://www.band.us/band/98665971 운영

열린시선 17 정상조 시집
부러진 나무의 눈빛
지은이 / 정상조
펴낸이 / 김윤환
펴낸곳 / 열린출판사

1판 1쇄 펴낸 날 | 2025년 6월 10일
등록번호 / 제2-1802호
등록일자 / 1994년 8월 3일
주소 / 경기도 시흥시 하중로 203(3층)
전화 / 031-318-3330
팩스 / 050-4417-3892
이메일 / pomreview@daum.net

출판공급 / 열린출판디자인
　　　　　 02-2275-3892
2025 ⓒ정상조

* 이 시집 출판비 일부는 정상조 시인의 시와 경제지혜를 팔로워하는 독자들의 참여로 출판이 진행되었고, 판매 수익금은 아동복지를 위해 쓰입니다.
* 지자와의 협의에 의해 인지는 생략합니다.
* 이 책은 전부 또는 일부 내용을 재사용하려면 저자와 출판사의 동의를 받아야 합니다.
* 이 도서의 국립도서관 출판도서목록은 서지정보유통서비스시스템 홈페이지와 국가자료 공동목록시스템에서 이용하실 수 있습니다.

ISBN 978-89-87548-61-6 (03810)
값13,000원